Joachim Paschen

Arbeit, Handel, Fernweh

MENSCHEN IM
HAMBURGER HAFEN

Historische Photographien

Wartberg Verlag

In unserer Reihe „Bilder aus Hamburg"
sind bisher erschienen:

(1) Ein Rundgang durch das alte Hamburg
(2) Hamburg gestern und heute – Eine Gegenüberstellung
(3) Rundflug über das alte Hamburg
(4) Hamburg – Luftbilder von gestern und heute
(5) Hamburg. Bewegte Zeiten – Die 50er Jahre
(6) Kindheit in Hamburg in den 50er Jahren
(7) Spektakuläre Hamburger Kriminalfälle
(8) Arbeit, Handel, Fernweh – Menschen im Hamburger Hafen

Inhalt

Herausgegeben vom Landesmedienzentrum Hamburg –
Alle Fotos stammen aus seinem Archiv.

1. Auflage 2001

Druck: Thiele + Schwarz, Kassel
Buchbinderische Verarbeitung: Büge, Celle

34281 Gudensberg-Gleichen, Im Wiesental 1
Tel.: 0 56 03/9 30 50 • www.wartberg-verlag.de
ISBN 3-8313-1197-8

DAS BILD VOM HAMBURGER HAFEN

Hamburgs Herz schlug und schlägt in seinem Hafen: Wer den Pulsschlag der Stadt fühlen will, halte Ausschau nach den ein- und ausfahrenden Schiffen auf der Elbe, der Hauptschlagader des deutschen Überseehandels. Die Gunst der geografischen Lage 100 Kilometer vom freien Meer entfernt an einem auch für Ozeanriesen schiffbaren Fluss hat sich über Jahrhunderte bewährt und allen Katastrophen getrotzt.

Die charakteristische Turmhaube der großen Michaeliskirche auf dem hohen Geestrücken grüßt die ankommenden Seefahrer schon von weitem als Wahrzeichen der Stadt. Von ihrer Aussichtsplattform in 82 Meter Höhe lässt sich der beste Blick in die Ferne sowie über Stadt und Hafen werfen. Nach Westen strebt der immer breiter werdende Strom zur Nordsee, im Süden sind Hafenviertel, Landungsbrücken und Werften zu sehen, im Südosten verästeln sich die Hafenbecken und erstreckt sich die Speicherstadt, im Nordosten, in der City, pulsiert das Leben von Wirtschaft und Politik.

Von einem mehr als 200 Jahre alten Turm schweift der Blick natürlich auch ab in die Vergangenheit: Wo liegen die Ursprünge des Hafens? Was beherbergt der Koloss der Speicherstadt? Was stand auf den kahlen Flächen am südlichen Ufer? Wo haben die Segelschiffe angelegt? Mit welchen Sehnsüchten sind Menschen von hier zu großer Fahrt in die neue Welt aufgebrochen? Mit welchen Hoffnungen haben Reeder und Kaufleute die Schiffe und ihre Ladungen erwartet? Welche Jobs gab es für die Hafenarbeiter?

Die große Veränderung kam durch den Container: Seit etwa 1970 hat diese Blechkiste das Gesicht des Hafens so verändert, dass Phantasie allein nicht ausreicht, sich die früheren Zustände vorzustellen. Wir sind auf die Bildermacher der Vergangenheit, vor allem die Fotografen angewiesen, die Hafen, Schiffe und Menschen vor ihr Objektiv geholt haben. Sie hielten fest, was Hamburg an Außergewöhnlichem dem Einheimischen und dem Fremden zu bieten hatte.

In seiner ganzen Vielfalt ist der Hamburger Hafen erst in den 1930er Jahren fotografisch erfasst worden. Das lag nicht nur an den Interessen der Fotografen und ihrer Auftraggeber, sondern auch an den technischen Möglichkeiten. Es war eine kleine und handliche Kamera erforderlich, um das Getriebe des Hafens so ins Bild zu bringen, dass niemand stillhalten und keine Szene arrangiert werden musste. Es ist also kein Zufall, dass uns aus diesem Jahrzehnt besonders viele fotografische Aufnahmen über den Hamburger Hafen überliefert sind.

Diese Bilder, in denen auch zeitgenössische Veröffentlichungen schwelgen, bieten uns den Blick auf den klassischen Hafen zwischen Segelschiff-Romantik und Container-Moderne.

Die hier vorgelegte Auswahl stammt größtenteils von Fotografen, die um 1930 mit dem Fotografieren begonnen haben, die eng mit Hamburg verbunden sind und die der Hafen ihr Leben lang nicht losgelassen hat. Ihre unterschiedlichen Perspektiven vermitteln ein vielfältiges Bild: Wir können die großen Ozeandampfer von damals bestaunen und die Anstrengungen bewundern, mit denen sich Hamburg den Ruf als Deutschlands Tor zur Welt verdient.

Das sind die Fotografen, die in diesem Band vertreten sind:

Erich Andres (1905–1992) hat fast 50 Jahre lang Leben und Arbeit in Hamburg fotografisch festgehalten: Seine Kleinbildkamera half ihm, einen direkten Kontakt zu den Menschen im Hamburger Hafen herzustellen. Sein fotografischer Nachlass ist im Landesmedienzentrum erschlossen worden.

Willi Beutler (1903–1978), der „offizielle“ Dokumentarist der Stadt, der seit 1935 als Mitarbeiter der Landesbildstelle Hansa (heute Landesmedienzentrum Hamburg) mehr als drei Jahrzehnte lang wesentliche Teile des Hafens im Bild „verewigt“ hat.

Hans Breuer (1869–1961), bereits seit 1897 als „Fotoreporter“ in Hamburg tätig; zeitlebens arbeitete er mit einer Handkamera für das Format 13 x 18.

Johann Hamann (1859–1935) und sein **Sohn Heinrich** (1883–1975) haben vor allem das Bild des Hamburger Hafens vor dem Ersten Weltkrieg festgehalten, aber es sind auch zahlreiche Hafenaufnahmen aus späteren Jahren überliefert. Der gesamte fotografische Nachlass liegt im Landesmedienzentrum.

Hans Hartz (1902–1971), seit 1928 als Fotograf in Hamburg tätig, spezialisierte sich auf das Postkartengewerbe und bereiste dafür ganz Deutschland; seine Liebe galt den Schiffen im Hamburger Hafen. Seine Porträts der Hansestadt liegen im Landesmedienzentrum.

Gerd Mingram (1910–2001) fotografierte seit 1933 für Hamburger Tageszeitungen und gestaltete zahlreiche Bildserien über die Arbeit im Hamburger Hafen. Museum der Arbeit und Landesmedienzentrum haben sein umfangreiches Oeuvre gemeinsam erschlossen.

Ein Hafenbild aus dem Zeitalter der Kohle

Heinrich von Seggern (1860–1948) war zunächst Amateurfotograf und gründete in den 20er Jahren in Hamburg einen Postkartenverlag; seine Leidenschaft gehörte dem Hafen, wo er die Schiffe so „dirigieren“ konnte, dass seine Bilder wie gemalt wirken. Im Bombenkrieg 1943 ist ein Großteil seiner Aufnahmen vernichtet worden.

Bei der Auswahl der Bilder für diesen Band hat sich gezeigt, dass in den Beständen dieser Fotografen noch große Schätze zu finden sind.

Bei einigen Aufnahmen sind die Urheber unbekannt: Sie haben die Vorlagen geliefert für Großbilddias zu sogenannten „heimatlichen Reihen“, die ebenfalls im Archiv des Landesmedienzentrums bewahrt werden.

Dank und Anerkennung für die Herstellung exzellenter Druckvorlagen von den alten Bildern gebühren Beate Christians, Margret Recke, Nina Schwencke und Erika Woldeck.

Von Hamburg aus auf große Fahrt

DER HAMBURGER HAFEN IN DER ZWISCHENKRIEGSZEIT

Das Ende des Ersten Weltkriegs mit der Niederlage des deutschen Kaiserreichs im November 1918 war auch für Hamburg eine Katastrophe: Die Absperrung Deutschlands durch die britische Seeblockade hatte den internationalen Handel weitgehend zum Erliegen gebracht; nun bestimmten die Siegermächte in Versailles eine Nachkriegsordnung, die Deutschland auf Jahrzehnte am Wiedererstarken hindern und dabei vom Weltmarkt ausschließen sollte. Fast wie ein Menetekel wirkte es, als der 61-jährige Albert Ballin, Generaldirektor der weltgrößten Reederei, der Hamburg-Amerika-Linie, am 9. November 1918 aus dem Leben schied. Waren die Zukunftsaussichten der Stadt so verheerend?

Zu Beginn des 20. Jahrhunderts hatte sich Hamburg als deutscher Welthafen hinter London und New York etabliert. Der verlorene Krieg entzog der Stadt die Grundlagen ihres Reichtums: Deutschland musste seine Kolonien abgeben und neben seiner Kriegsflotte auch fast die gesamte Handelsflotte, von der Hamburg mehr als die Hälfte im Besitz hatte, abliefern. Es blieben nur kleine Schiffe unter 1600 Brutto-Register-Tonnen, gerade mal geeignet für die Küstenschifffahrt. Wer Anfang 1920 nach Hamburg kam, erlebte einen öden und leeren Hafen. Die meisten Schiffe auf der Elbe fuhren unter fremden Flaggen. Ballins Nachfolger als Generaldirektor, Wilhelm Cuno, der spätere Reichskanzler, erklärte jedoch: „Hamburgs Reedereien sind gewillt, neu zu beginnen … Was Hamburg leistet, kann in der Weltwirtschaft nicht entbehrt werden."

Tatsächlich gelang es den Hamburger Kaufleuten, Reedern und Hafenarbeitern in erstaunlich kurzer Zeit, die Katastrophe zu überwinden: Zuerst wurden kleine, dann immer größere Schiffe gebaut; ein Teil der abgelieferten Schiffe wurde zurückgekauft; das dichte Liniennetz des Schifffahrtverkehrs wurde erneut geknüpft, so dass Hamburg schon bald wieder mit der ganzen Welt verbunden war. In Hamburg war man in den 20er Jahren stolz darauf, die bedeutende Stellung im deutschen Außenhandel behalten zu haben: 1924 hatte der mengenmäßige Umschlag beim Im- und Export bereits etwa 80 Prozent der Vorkriegszeit erreicht.

Da brach Ende 1929 mit dem Börsenkrach in New York die große Weltwirtschaftskrise aus: Der Welthandel kam fast vollständig zum Erliegen. Die Hafenbecken in Hamburg wurden zu Wartesälen für bessere Zeiten; denn es gab zu viele Schiffe für immer weniger Handelsgüter. Die Fabriken produzierten nichts mehr für den Export, die arbeitslosen Konsumenten konnten sich keine Importwaren mehr leisten. Die Aussichten auf Besserung des Handelsaustausches waren denkbar schlecht, denn alle Nationen versuchten zu sparen und sich autark zu machen. Die Arbeitslosigkeit war in Hamburg besonders hoch.

Nur allmählich kam der internationale Handel nach 1934 wieder in Gang. Doch auch vier Jahre später betrug er erst wieder knapp die Hälfte von 1929. Es bedurfte großer Anstrengungen, damit Hamburg den Anschluss nicht verpasste und seinen Anteil behielt: Die Modernisierung des Hafens machte große Fortschritte und wurde zum „Thema" der Fotografen. 1938 können die zeitgenössischen Stadtführer stolz verkünden, dass Hamburg wieder der größte Hafen auf dem europäischen Kontinent ist und – nach den Wertumsätzen – hinter

Ein seltenes Vergnügen für die Hamburger: Ihr größtes Schiff, die „Cap Arcona" hat an der „provisorischen" Überseebrücke angelegt (ca. 1930).

Kein Handel ohne vieler Hände Arbeit

London und New York der drittgrößte der Welt. Hamburgs Handelstonnage hatte fast wieder den Umfang von 1913 erreicht.

Solche Erfolgszahlen zeigen nur indirekt, was sich im Hamburger Hafen qualitativ verändert hat. Am auffälligsten im Hafenbild war sicher die Verschiebung bei den Antriebsarten: Der Anteil der Segelschiffe ging von acht auf zwei Prozent weiter drastisch zurück; besonders markant war der Rückgang der kohlebeheizten Dampfschiffe von 87 auf 52 Prozent und der Anstieg der ölbefeuerten Schiffe von vier auf 30 Prozent; die schnellen und eleganten Motorschiffe steigerten ihren Anteil von ein auf 16 Prozent.
An den Schiffstypen zeigte sich, dass sich der Handel vom Massengut zum Stückgut verlagerte. Damit wuchs der Platzbedarf im Hafen. Um den guten Ruf der „Schnelligkeit" Hamburgs zu sichern, mussten die Kaistrecken verlängert und die Kaischuppen ausgebaut werden. Auch die Verschiebung des Weitertransports vom Binnenschiff auf die Eisenbahn wirkte sich stark auf die betriebstechnische Organisation des Hafens aus. Eine weitere Herausforderung bedeutete die Einbeziehung der Altonaer und Harburger Häfen durch das Groß-Hamburg-Gesetz von 1937.

Natürlich blieb auch die Wirtschaftspolitik des Dritten Reiches nicht ohne Folgen für den Hamburger Hafen: Die hohe Auslandsverschuldung und die Devisenknappheit zwangen zu einer Verschiebung der Handelsströme. Sie verlagerten sich von Westeuropa und Nordamerika, wo in Pfund Sterling oder Dollar bezahlt werden musste, nach Südosteuropa, Südamerika und Asien, wo man am ehesten „Tauschgeschäfte" machen konnte. Außerdem wollte man sich bei der Einfuhr auf Rohstoffe (Baumwolle, Getreide, Öl) und bei der Ausfuhr auf Fertigwaren konzentrieren: So sollten durch „deutschen Fleiß und deutsche Tüchtigkeit" Handelsüberschüsse erwirtschaftet werden.

Das Bild im Hamburger Hafen belebte sich in den 30er Jahren und änderte sich beträchtlich: Neue Umschlagtechniken wurden entwickelt, um die Rohstoffe so schnell wie möglich in die deutschen Fabriken zu bringen und die veredelten Produkte sicher und schnell in ferne Länder zu transportieren. Der Hafen verlangte nach immer mehr Arbeitskräften, beim Ein- und Ausladen der Schiffe, in den Kai- und Stauereibetrieben, in der Hafenschifffahrt, in der Verwaltung und den Kontoren sowie in der im Freihafen angesiedelten Industrie.

Der Hamburger Hafen wurde auch zur beliebten Durchgangsstation für den wachsenden Passagierverkehr. Zehntausende nutzten Jahr für Jahr Hamburgs Anlegestellen als Sprungbrett für die große Reise über den Atlantik oder als Entrée für eine Tour durch den alten Kontinent. Hamburg erlebte in den 30er Jahren überdies einen Touristikboom, gefördert von der NS-Freizeitorganisation „Kraft durch Freude", die für Erholungsreisen ins Mittel- und ins Nordmeer Schiffe kaufte und sogar bauen ließ.

Der Schiffbau auf den Hamburger Werften entwickelte sich in den 30er Jahren kräftig weiter: Insgesamt stand Deutschland 1937 nach wie vor an zweiter Stelle hinter Großbritannien: 16 Prozent der Weltproduktion liefen hier vom Stapel, die Hälfte davon auf ausländische Rechnung. Darunter waren Frachtschiffe aller Art, Tank- und Walfangschiffe, Passagierdampfer und schließlich auch Kriegsschiffe.

Die Hamburger fühlten sich 1938 wieder als Bewohner einer „Welthafenstadt". Zwanzig Jahre nach dem verlorenen Krieg schienen die Aussichten besser denn je. Die Bilder künden vom Stolz über das Erreichte. Wer ahnte schon, dass ein nächster Krieg unmittelbar bevorstand, der den Hafen fast vollständig zerstören würde.
So dienen die Bilder nicht nur als Erinnerung, sondern auch als Mahnung.

Der Hafen im Überblick

Nur das Wahrzeichen ist geblieben: Mehr als ein halbes Jahrhundert liegt zwischen diesen beiden Bildern: Vor dem Baumwall, der bis 1852 nachts den Binnenhafen sicherte, war im Niederhafen der eigentliche Liegeplatz der Segler nach großer Fahrt, hier löschten sie ihre Ladung. Die Aufnahme ist in den 80er Jahren des 19. Jahrhunderts entstanden: Im Rücken des Fotografen Georg Koppmann wurde gerade Europas größter Lagerhauskomplex, die Speicherstadt, errichtet. Vom gleichen leicht erhöhten Standort hat ein unbekannter Fotograf in den 30er Jahren seine Aufnahme gemacht: Die 1912 eröffnete Hochbahn-Station „Baumwall" nimmt die historische Erinnerung auf; das Eisenviadukt der Ringbahn zerschneidet die Häuserfassaden der Hafenkante. Der Niederhafen wird bestimmt von Schuten und Barkassen.

Foto oben: Eine der ersten Luftbildaufnahmen von der **Speicherstadt,** wahrscheinlich in den frühen 20er Jahren von einem Ballon aus: Durch den **Zollkanal** wird der 1888 eingerichtete **Freihafen** von der Stadt getrennt; vom **Kirchspiel St. Katharinen** *(rechts oben)* bleibt nur ein kleiner Rest. Besonders eindrucksvoll ist die Wandrahmbrücke im Vordergrund. Gegenüber wird 1923/24 der Meßberghof gebaut.
Foto rechts oben: Zur gleichen Zeit vom gleichen Ballon, nur in östlicher Richtung: *Links* der Baakenhafen ist ein typisches Hafenbecken, 120 bis 150 Meter breit und mehr als einen Kilometer lang. Er diente vor allem den Afrika-Linien. *Ganz links* der Versmannkai mit den Fruchtschuppen, dann weiter der Petersenkai und als Stromhafen der Kirchenpauerkai (die Namen erinnern an bekannte Senatoren). Mitten im Strom der Elbe: Schiffe haben an Pfahlbündeln, hamburgisch Dückdalben, festgemacht und löschen ihre Ladung in Schuten. *Im Vordergrund links* der moderne zweistöckige Fruchtschuppen C am Magdeburger Hafen. Im Hintergrund sind die Elbbrücken zu sehen.
Foto rechts: Hafenkante hieß auch Wasserkante: Das war für die Hamburger eine Alltagserfahrung. Die Stelzen des **Hochbahn-Viadukts zwischen Baumwall und Landungsbrücken** (hier: Vorsetzen) wurden bei Hochwasser immer wieder umspült.

Fotos Seite 10/11
Großes Foto: Dies Postkartenbild bot sich demjenigen, der in den 30er Jahren mit der Eisenbahn nach Hamburg kam. Hohe Türme *(von links:* Katharinen, Michaelis, Nicolai, Rathaus, Petri) überragten die Speicher und Kontore. **Der Oberhafen** *im Vordergrund* war den Flussschiffen vorbehalten, Oberländer, wie sie in Hamburg genannt wurden. Sie kamen aus dem Havel-, Spree-, Oder- und Moldaugebiet. *Ganz rechts* ist eine der **Markthallen am Deichtormarkt** zu sehen, dahinter der Meßberghof mit seinem ursprünglichen Walmdach.
Kleines Foto: Der **Griesenwerder Hafen in Waltershof,** ein noch nicht fertiggestelltes Hafenbecken, das in der Weltwirtschaftskrise als „Parkplatz" für überflüssige Schiffstonnage diente. Die Luftaufnahme vom 23. September 1931 lässt den jämmerlichen Zustand des Welthandels spüren. Auf dem Höhepunkt der Krise lagen in den Waltershofer Häfen an die 150 Dampfer.

Schiffe im Hamburger Hafen

Foto oben: Die Silhouette der Hafenstadt im besten Licht vom Südufer der Elbe aus: Wie ein Kastell ragt die **Deutsche Seewarte** empor (heute steht dort der unscheinbare Flachbau einer Jugendherberge); zu ihren Füßen die **Empfangsgebäude der Landungsbrücken mit Uhrturm und Eingang zur Hochbahnstation.** *Ganz links* grüßt „eines der markantesten deutschen Denkmäler überhaupt" (Reiseführer von 1936), das fast 15 Meter hohe **Standbild des Reichsgründers Bismarck,** die einkommenden Schiffe. Am weitesten aber ist der **„Michel"** zu sehen, wie die Hamburger ihre jüngste Kirche liebevoll nennen. Ein bisschen antiquiert wirkt es vor dieser Kulisse schon, wenn eine Drei-Mast-Bark von einer Motorbarkasse verholt wird.

Foto rechts oben: Richtig imposant sieht es aus, wenn ein großer Passagierdampfer mit drei Schornsteinen dem Hamburger Hafen die Ehre erweist. Fast könnte man glauben, die Kaiser-Zeit sei zurückgekehrt und mit ihr einer der Hapag-Riesen „Imperator" oder „Vaterland", die sich die Briten bzw. Amerikaner angeeignet hatten. Es ist aber nur die weniger als halb so große **„Cap Polonio" der Hamburg-Süd,** zu erkennen am „roten" Topp der Schornsteine. Sie liegt an der 1929 „zunächst" provisorisch eingerichteten Überseebrücke. Sie war kurz vor dem Krieg vom Stapel gelaufen, nach dem Krieg an Großbritannien ausgeliefert und 1921 zurückgekauft worden; zehn Jahre lang besorgte sie den Linienverkehr zwischen Europa und Südamerika. Sie fällt 1931 jedoch (als dieses Luftbild entstand) der Weltwirtschaftskrise zum Opfer, dient nur noch als Schauobjekt und wird vier Jahre später in Bremerhaven abgewrackt. Im Vordergrund sind die Dockanlagen der Stülcken-Werft zu erkennen.

Foto rechts: Hamburgs Schiffe mussten in den frühen 20er Jahren bescheidene Maße annehmen: 1923 wurden für die **Hamburg-Amerika-Linie** die ersten Zwei-Schrauben-Turbinendampfer in Dienst gestellt, die „Deutschland" und die **„Albert Ballin"** *(im Bild),* ein Ereignis, das viele Schaulustige anzog. Zur selben Klasse gehörten die „Hamburg" (1925) und die „New York" (1927). Es waren die wichtigsten Schiffe der Reederei im Nordatlantik-Verkehr. Erst ab 1927 war als Schornsteinfarbe das kaiserliche Schwarz-weiß-rot wieder opportun.

Foto links: Ein Schnappschuss des Fotoreporters Erich Andres **auf der Überseebrücke:** Im Hafen ist es Anfang der 30er Jahre sehr ruhig, nur die Gedanken und Sehnsüchte können auf die Reise gehen.

Foto rechts oben: Ein beliebtes Ausflugsziel war die Elbmündung, die mit Cuxhaven und einigen Seebädern bis 1937 zu Hamburg gehörte. Die **„Finkenwärder"** versah seit Sommer 1936 für die HADAG ihren Fährdienst und konnte bis zu 734 Passagiere befördern. Von den acht größeren Neubauten dieser Zeit wurde sie als einzige bei den großen Bombenangriffen im Juli 1943 getroffen und versenkt.

Foto rechts unten: Das kleine Fernweh konnte **an den Landungsbrücken** jedoch ohne weiteres für ein paar Groschen befriedigt werden: Die 1888 gegründete und seit 1918 im Staatsbesitz befindliche **Hafendampfschiffahrt-Aktien-Gesellschaft HADAG betrieb die zahlreichen Fähren** für die Arbeiter im Hafen und bediente auch die Ausflügler elbauf- und elbabwärts. Ihr Kennzeichen am Schornstein war der „grüne Ring".

Foto unten: Der Blick in die Ferne mit gekniffenem Auge ist **auf den Landungsbrücken** oft zu beobachten.

Nach CUXHAVEN
WÄRDER

Foto oben: **Auf der Elbe herrschte damals Konkurrenz,** besonders in Richtung der reizvollen Elbvororte: Die größte Unterelbe-Reederei war die Hamburg-Stade-Altländer-Linie mit blauem Ring und weißem Schlüssel auf dem Schornstein; ihre Schiffe kamen 1929 unter Hamburger Flagge. Erst 1963 wurde die Hamburg-Blankenese-Este-Linie mit ihren gekreuzten weißen Schlüsseln auf blauem Grund von der HADAG übernommen.

Foto links: **Auf dem Achterdeck der Ausflugsdampfer** genossen alt und jung den Sommer-Sonntag.

Foto rechts oben: Nach Harburg ging es z.B. mit dem 1897 gebauten **Raddampfer „Primus"**; die private Fährreederei Wachsmuth & Krogmann verkaufte 1937 ihre Schiffe an die HADAG.

Foto rechts unten: 1921 hatte der Hamburger Senat „seiner" Reederei das Monopol der **„Großen Hafen-Rundfahrt"** verschafft, um außerhalb der Stoßzeiten des Fährverkehrs für eine gewinnbringende Auslastung zu sorgen. **Auf der „Godeffroy"** konnten bis zu 400 Menschen den Hafen auf einer ein- bis zweistündigen Rundtour erleben, Erwachsene für 1,25 Reichsmark, Kinder für 60 Reichspfennig; für ein paar Groschen mehr wurden auch Schiffsbesichtigungen durchgeführt.

PRIMUS

GROSSE
Hafen-Rundfahrt
GODEFFROY

Seedienst Ostpreussen
Spaten-Bräu München

Restaurant
Pilsner Urque

Foto Seiten 18/19: Großer **Andrang bei den Landungsbrücken:** Er galt aber wohl nicht dem für einen Abstecher nach Hamburg gekommenen Schiff vom „Seedienst Ostpreussen", der im Allgemeinen die deutschen Häfen der Ostsee zwischen Kiel und Memel bediente. Der Seeweg nach Ostpreußen umging den Landweg, der durch den in Versailles beschlossenen „polnischen Korridor" verlegt war. Rechts das Eingangsgebäude des 1911 eröffneten Elbtunnels.

Foto links: **Mit Schlepperhilfe verlässt die „St. Louis" bis über die Toppen geflaggt den Hamburger Hafen:** Das 1929 bei Blohm & Voß gebaute Motorschiff im Dienste der Hapag konnte in drei Klassen 1100 Passagiere im Liniendienst zwischen Hamburg und New York befördern. Ab 1935 wird sie von der Deutschen Arbeitsfront (DAF) regelmäßig für Urlaubsfahrten nach Madeira gechartert. Eine bittere Enttäuschung erlebten 937 jüdische Emigranten im Frühsommer 1939 auf der „St. Louis": Sie hatten eine Passage nach Amerika gebucht, wurden dort jedoch nicht ans Land gelassen und mussten nach Europa zurückkehren.

Foto links unten: **Die „Oceana" legt ab zur Kreuzfahrt:** Der kleine, aber feine Dampfer, 1913 fertiggestellt und danach durch viele Hände gegangen, fuhr seit 1928 für die Hapag. 284 erholungssuchende Passagiere hatten auf ihr Platz. 1935 erwarb sie die DAF und ließ sie zum Ein-Klasse-Schiff für 720 Passagiere umbauen – die sozialistische Ideologie der „Volksgemeinschaft" ließ keine Unterschiede zu.

Foto unten: Das wohl am meisten fotografierte Passagierschiff der 30er Jahre im Hamburger Hafen: Die **„Cap Arcona"** war seit 1927 das Flaggschiff der Hamburg-Süd und lange Zeit der größte, schnellste und luxuriöseste Dampfer auf dem Südatlantik. Meistens kam er gar nicht die Elbe herauf, sondern blieb in Cuxhaven. Hin und wieder wurden Wochenendfahrten an die englische Küste angeboten, für 65 Reichsmark einschließlich „erstklassiger Verpflegung". Es war schon ein besonderes Erlebnis, seine Ausfahrt zu beobachten.

Foto ganz unten: Ein ganz anderes Spalier wurde den Schiffen der NS-Touristikorganisation „Kraft durch Freude" Anfang Mai 1937 geboten: **„Der Deutsche", das erste eigene KdF-Schiff,** das auch wenig Verdienenden die Möglichkeit geben sollte, Schiffsreisen zu machen, eröffnete die Reisesaison mit Kurs auf Norwegen. Zum Programm gehörte natürlich auch die Vorführung der neuen deutschen Seemacht.

Foto links: Die beiden **Neubauten der KdF-Flotte** in leuchtendem Gelb ließen den Hamburgern die Brust schwellen: Ein neues Zeitalter des Massentourismus zur See schien angebrochen. Die **„Wilhelm Gustloff"**, benannt nach dem 1936 ermordeten Anführer der Schweizer Nationalsozialisten, hatte bereits mehrere Fahrten mit Kdf-Urlaubern hinter sich; die **„Robert Ley"**, benannt nach dem „Reichsleiter" der Deutschen Arbeitsfront, wurde im März 1939 in Dienst gestellt.

Foto oben: Wenn schon keine Fahrt nach Übersee möglich war, konnte doch vielleicht eine **Besichtigung als Vorgeschmack** dienen: In langen Schlangen standen die Neugierigen an, um sich vom Reisefieber packen zu lassen. Die **„Wilhelm Gustloff"** hatte später meistens dem Krieg zu dienen: Sie wurde als Wohn- und Lazarettschiff benutzt. Bei einer Rettungsfahrt über die Ostsee mit Flüchtlingen und Verwundeten trafen am 30. Januar 1945 Torpedos eines sowjetischen U-Boots das Schiff; es riss mehr als 5000 Menschen in den Tod.

Foto unten: Für jeden etwas: **An der Überseebrücke** liegen im Mai 1939 **vereint der Luxusdampfer „Cap Arcona", das KdF-Schiff „Robert Ley" und die schwimmende Jugendherberge „Hein Godenwind"**, eine frühere Dreimastbark. Der wenige Monate später ausbrechende Krieg bedeutete auch für sie den Untergang. Die beiden Passagierdampfer wurden nach Gdingen/Gotenhafen verlegt und als Marinewohnschiffe genutzt. Sie retteten 1945 Tausende von deutschen Flüchtlingen vor dem Ansturm der Roten Armee. Beide wurden von britischen Bombern zerstört, die „Cap Arcona" dabei mit fast 5000 KZ-Insassen in der Lübecker Bucht versenkt.

Der Warenumschlag im Hafen

Foto oben: Hamburg nutzte alle Möglichkeiten für einen schnellen Umschlag der ein- und ausgehenden Waren: In den 19 Seeschiffbecken der 20er und 30er Jahre lagen die Frachtdampfer an langen Kaimauern; hier konnten sie ihre Ladung land- und wasserseitig löschen oder aufnehmen. Außerdem gab es vier „Stromhäfen", wo die Schiffe an „Dückdalben" festmachten und mit Hilfe von Schuten und Leichtern be- und entladen wurden. Der **Kaibetrieb im Kuhwerderhafen** machte auch schon um 1930 einen altertümlichen Eindruck: Hier verrichteten noch Kräne der „ersten Generation" ihre zuverlässige Arbeit, früher mit Dampf-, inzwischen auf Elektrobetrieb umgestellt. Es wurde direkt in den Kaischuppen umgeladen.

Foto rechts: Um auf der Kaistraße mehr Platz zu gewinnen, wurden die Kräne auf hohe Winkelgerüste zwischen Kaimauer und Schuppenwand („Halbportal") gesetzt. Die darunter liegende Fläche konnte so besser für die Eisenbahn und andere Fahrzeuge genutzt werden. Um noch mehr Platz zu bekommen, wurde die Reichweite der Kräne durch „Wippausleger" vergrößert. Durch „Abbäumen" der Schiffe **im Kaiser-Wilhelm-Hafen am Auguste-Victoria-Kai** passten nun sogar noch Schuten zwischen Schiffswand und Kaimauer. Von diesem Standard-Kran mit einer Tragfähigkeit von 3 Tonnen lieferte die Firma Kampnagel annähernd 800 Stück.

Kleines Foto links: Die Kräne bewegen sich auf eigenen Schienen; unter dem Halbportal gibt es für die Eisenbahn zwei Gleise. Die Waren werden über eine sechs Meter breite Rampe durch große Wellblech-Schiebetore in den Schuppen zur Zwischenlagerung gebracht. **Anfang der 20er Jahre ist oft noch Handarbeit angesagt:** Die zweirädrige „Schott'sche Karre" *in der Mitte* ist aus der Sträflingsarbeit übernommen worden; sehr verbreitet war die Stech- oder Sackkarre.

Großes Foto links: **Der wasserseitige Umschlag am Auguste-Victoria-Kai:** Schuten und andere Binnenschiffe umlagern die Frachter, die ihr eigenes Ladegeschirr einsetzen. Die Aufnahme von 1935 belegt auch, dass die Stockung im Welthandel nachgelassen hat. Hamburg nimmt wieder seine wichtige Funktion als Deutschlands Tor zur Welt wahr.

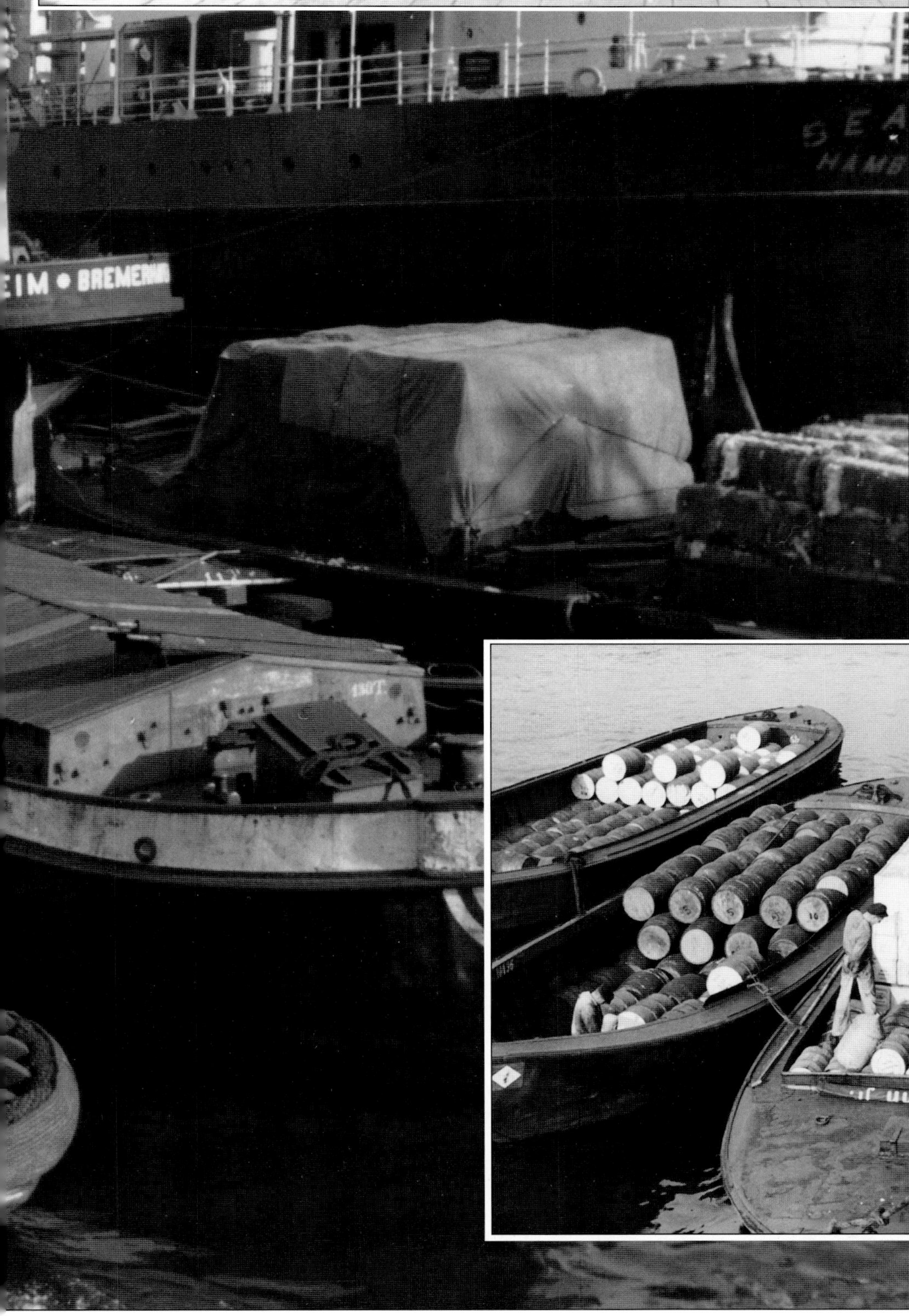

Foto unten: **Stückgut oder Massenfracht?** Der Unterschied beginnt schon in den 20er Jahren zu verschwimmen. In unterschiedlichen Verpackungen (Holz- und Blechfässer, Kartons) wird die „gestückelte" Ware ohne Zwischenlagerung und ohne weitere Qualitätskontrolle massenhaft von Schuten weiterverfrachtet.

Foto oben: **Für besonders schwere Lasten können beim Stromumschlag Schwerlastkräne und Schwimmgreifer eingesetzt werden:** Sie werden bei Bedarf angefordert, wie hier im Grasbrookhafen. Die riesigen Gerüste tragen bis zu 100 Tonnen.
Foto links: Die Leistungssteigerung der Kräne wäre verpufft, wenn nicht auch andere Betriebsmittel beim Kaiumschlag verbessert worden wären. Ein bewährter Helfer beim Befördern mehrerer Stücke gleichzeitig war das **„Brook", ein großes Netz aus Manilahanf oder Stahl.**
Foto oben rechts: **Importiertes Gefrierfleisch aus Amerika hängt im Brook** und wird auf Pferdefuhrwerke verladen: Die Aufnahme stammt aus dem August 1920; das Ereignis muss für die Fotografen Johann und Heinrich Hamann von besonderer Bedeutung gewesen sein. Sie haben eine ganze Serie aufgenommen, und wohl nicht nur, weil Gefrierfleisch in den Vorkriegsstatistiken als Handelsgut nicht auftauchte. Wegen des Verlustes agrarischer Gebiete im Osten war das hungernde Deutschland auf solche Einfuhren besonders angewiesen.
Foto rechts: Dem Fotografen mit seiner schweren Glasbildkamera zuliebe wird die Kaiarbeit für einige Minuten unterbrochen. Das wichtigste Transportmittel auf der Rampe ist in den frühen 20er Jahren nach wie vor die Sackkarre. Wie zu sehen, war ihre Anzahl aber kaum zu steigern, wenn man sich nicht im Weg stehen wollte. Im **Schuppen 73 am Auguste-Victoria-Kai** waren Kühlräume eingebaut worden. Unter dem Portal sind die neuen Gefrierfleisch-Waggons der Deutschen Reichsbahn zu sehen.

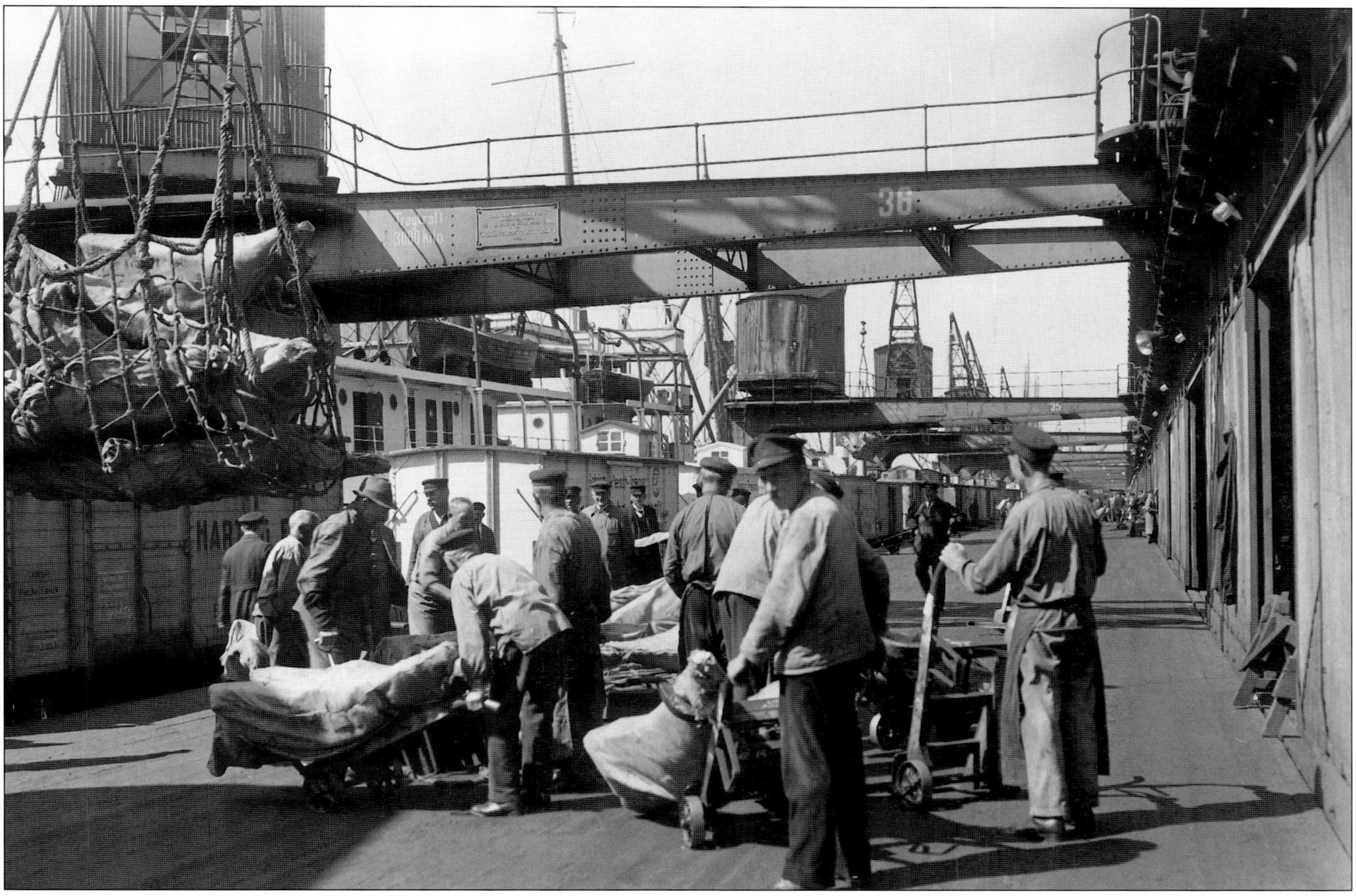
36

Handelsgesellschaft
„Produktion"
Wendenstr. 377.
32

Die **Fleischspeise** war nicht nur für die zahlungskräftige Kundschaft gedacht, sondern **auch für Arbeiterhaushalte:** Ein wichtiger Abnehmer war die Großschlachterei der gewerkschaftlich organisierten „Produktion“ in Hammerbrook. In dieser Zeit sind auch schon Lastkraftwagen im Einsatz.

Fotos Seite 32/33: **Beim Löschen von Sackgut wurde ein „Stropp“ benutzt, ein Tau aus Manilahanf oder Stahldraht.** Eine ganze Serie von Aufnahmen macht die körperlich anstrengenden Tätigkeiten der Kaiarbeiter deutlich. Sie sind unter einem Vorarbeiter zu einer „Gang“ zusammengeschlossen.

25

Foto oben: **Baumwollballen am Mönkebergkai:** Für jede Ware gab es besondere Karren, neben der klassischen Stechkarre noch niedrige Vierradkarren, Fass- und Kistenkarren.

Foto links: **Verladen von Tierhäuten:** Zur Rationalisierung des Transports vor und im Schuppen werden immer mehr Elektrokarren *(links)* eingesetzt. Ihre starken Akkumulatoren-Batterien halten selbst bei angestrengtem Betrieb mindestens eine achtstündige Arbeitsschicht durch.

Foto oben: Es gab auch **Elektrokarren als „Schlepper“.** AEG und Siemens lieferten die meisten Karren; sie waren wegen ihres Vierradantriebs besonders wendig. An zentralen Stationen wurden die Batterien wieder aufgeladen; damit es zu keinen Unterbrechungen kam, gab es im Schuppen Reservebatterien. Gegenüber dem Handbetrieb konnte die Tagesleistung eines Arbeiters von 7 auf mehr als 14 Tonnen verdoppelt werden.

Foto rechts: **Ein Vorläufer des Gabelstaplers:** Die elektrische Stapelwinde konnte die Baumwollballen bis zu vier Meter Höhe heben. Sie war auf Rollen leicht von Hand zu bewegen.

Foto oben: Hamburg war der wichtigste deutsche Importhafen für Südfrüchte, vor allem Orangen und Bananen. Es gab besondere **Fruchtschuppen mit Kühlung und Ventilation.** Manchmal wurden die begehrten Kisten gleich für den Weitertransport zum nahe gelegenen Großmarkt verladen.

Foto rechts: Zur Schuppenausrüstung gehörten auch **Waagen zur Nachprüfung der angegebenen Gewichte. Am Australiakai** wurde ein altes Modell aus dem Schuppen dem Fotografen ins rechte Licht gerückt. In den 20er Jahren setzten sich halbautomatische Schaltwaagen der Ottensener Waagenfabrik durch, bei denen nach einer Grobeinstellung das Gewicht über die vollen 100 kg selbsttätig gemessen wird. Das umständliche Austarieren mit einzelnen Gewichten entfiel, auch Wägefehler traten seltener auf.

220

Die Kaischuppen dienen nur zur Zwischenlagerung. Die eigentlichen Lagerhäuser des Hamburger Hafens befinden sich in der 1888 eröffneten **Speicherstadt.** Nur bei der ältesten Kaianlage *im Vordergrund,* dem **Sandtorhafen,** liegen beide eng beieinander; ansonsten hat man sich in Hamburg für eine deutliche Trennung entschieden. Die zwei bis drei jeweils fast 1,5 km langen Lagerhausreihen liegen am nördlichen Rand des Freihafens in unmittelbarer Nähe der Kirchtürme und Kontorhäuser in der City.

Foto links: Das **Kehrwiederfleet,** eine der Wasserstraßen der Speicherstadt. Einschließlich Keller und Spitzboden ragen die Speicher bis zu neun Stockwerke hoch. Die etwa eine halbe Million Quadratmeter Lagerfläche unterstanden der Hamburger Freihafen-Lagerhaus-Gesellschaft, die 1935 mit der staatlichen Kaiverwaltung zusammengelegt wurde. 1939 erhielt diese den noch heute gültigen Namen Hamburger Hafen- und Lagerhausgesellschaft (HHLA). Ewerführer mit ihren Barkassen und Schuten wickeln den Transport von und zu den Seeschiffen ab.

Foto oben: Am **Brooksfleet** standen die Kaffeelagerhäuser: Die massiven Mauern schützten die wertvollen Kolonialwaren wie Kaffee, Tee, Kakao, Gewürze vor größeren Temperaturschwankungen. Die „Quartiersleute" erhielten die Waren durch die Luken auf jedem „Boden" mit Hilfe hydraulisch betriebener Winden. Auf Feuersicherheit wurde großer Wert gelegt: Die Raumeinheiten sind auf 400qm beschränkt, die trennenden Brandmauern können auf den außenliegenden Balkonen umgangen werden.

Schwertransporte zogen natürlich immer die besondere Aufmerksamkeit auch der Fotografen auf sich, z.B. Anfang der 20er Jahre ein Lastkraftwagen, der sogar mit eigenem Geschirr an Deck gehievt wurde.

An der „Winsch" standen die Männer, die genau wie die Kranführer Millimeter-Arbeit leisten mussten, um nichts zu beschädigen und niemanden zu gefährden. Wenn die Winden nicht richtig gepflegt wurden, verursachten sie einen ohrenbetäubenden Lärm.

Am Dalmannkai werden 1939 mehrere Waggons einer Straßenbahn verladen. Deutsche Verkehrstechnik war ein Exportschlager geworden.

Foto rechts: **Im Ellerholzhafen hängt am Haken eines ortsfesten Schwerlastkrans der Kessel einer Lokomotive.** Diese Riesenkräne standen meist an der Spitze der Kaizungen, hamburgisch „Höft".

SHEAF DON

Foto links oben: **Am spektakulärsten war es, wenn exotische Tiere verladen wurden.** Auch wenn es um einen Dickhäuter ging, war Fingerspitzengefühl angesagt. Das „Wirbeln" der Last wird durch ein langes Seil um einen der Vorderfüße verhindert.

Foto links: **Kohle kam aus England:** Mengenmäßig standen Steinkohle und Koks an erster Stelle der Einfuhrgüter, fast 20 Prozent. (Vor dem Krieg war es doppelt so viel.) Im besonders eingerichteten Kohlenschiffhafen warteten zwölf elektrisch betriebene Verladebrücken. An Laufkatzen hängen Klappkübel, so dass die Kohle gleichzeitig auf Eisenbahn und Leichter verladen werden kann.

Foto oben: Dies riesige Ungetüm ist ein **schwimmender Kohleheber,** der das Entladen und Bebunkern der Schiffe noch weiter beschleunigte.

Ganz selten war im Hamburger Hafen noch zu beobachten, **wie Kohle auf dem Rücken transportiert wurde.** Bereits seit 1900 gab es dafür elektrische Winden, die die vollen Körbe aus den Schuten hievten und in den Bunker des Dampfers entluden.

Während die Frachter landseitig beladen wurden, konnten sie wasserseitig Kohle bunkern. Mit dem Kohleheber sparte man nicht nur Zeit, sondern sorgte, anders als die alten Sturzkipper, auch für einen schonenden Umgang: Die Kohle sollte in ganzen Stücken erhalten bleiben, damit die Feuer nicht verstopften. Pro Tag rechnete man je Schiff im Schnitt mit 45 Tonnen Eigenbedarf an Kohle.

Am Kirchenpauerkai warten die randvoll gefüllten Schuten auf den Ruf eines Dampfers nach Bunkerkohle. Mit der Eisenbahn war die Ruhrkohle an diese Verladestelle gebracht worden; der Waggonkipper *im Hintergrund* hatte sie direkt in die Schuten geschüttet.

Foto rechts: Das mengenmäßig zweitwichtigste Importgut war in den 20er Jahren Getreide. Es machte etwa 15 Prozent der Einfuhrmenge aus. Seit 1905 begannen pneumatische Getreideheber den bis dahin üblichen Sack- bzw. Schütt-Umschlag zu ersetzen. **Eine Dampfmaschine betrieb eine Vakuum-Pumpe:** Mit zwei bis drei Rüsseln konnten 150 bis 300 Tonnen Getreide in der Stunde in die Schuten gesaugt werden. Im Innern war eine Wiegeeinrichtung eingebaut.

Foto unten: Innerhalb kürzester Zeit setzte sich diese Umschlagtechnik durch: **Im Strom konnten bis zu vier schwimmende Getreideheber eingesetzt werden, um einen Frachter innerhalb weniger Stunden um seine Ladung zu erleichtern.** Um 1930 gab es eine Flotte von 22 Getreidehebern, gerade so viele, um sie mit den Buchstaben des Alphabets zu kennzeichnen.

N

Foto links: **In den frühen 30er Jahren ging die Getreide-Einfuhr drastisch zurück** und fiel auf Platz vier der Mengen-Statistik. Der Welthandel mit Getreide erholte sich nicht mehr, außer bei Futtergetreide wie Mais. Da die deutschen Ernteerträge nicht weiter gesteigert werden konnten, mussten sich die Konsumenten in ihrem Brot mit Beimengungen von Mais- und Kartoffelmehl abfinden.

Foto rechts: In weiser Voraussicht war bereits 1913 ein **neuer Petroleumhafen auf Waltershof** angelegt worden, mit Entladevorrichtungen für die Tankdampfer und großen runden Tanks. Die deutsche Mineralöleinfuhr stieg ständig an, stagnierte allerdings zur Zeit der Weltwirtschaftskrise, als dieses Luftbild entstand. Von 1925 bis 1937 vervierfachte er sich insgesamt.

Über den Hamburger Hafen wurden mehr als zwei Drittel des deutschen Öl-Imports abgewickelt; die Mineralöle standen 1925 mengenmäßig noch an vierter Stelle und rückten bis 1934 an die zweite Stelle der Einfuhrgüter; fast die Hälfte der Mineralölprodukte (Rohöl, Heizöl, Benzin) kam aus Mittel- und Südamerika.

Das **Schiffsensemble um die „Cap Arcona" an der Überseebrücke** macht deutlich, was der Bauch eines solchen Dampfers für seine transatlantischen Fahrten verschlang: Neben der Verpflegung für Passagiere und Besatzung bestand die Zuladung vor allem aus Brennstoffen. Der höhere Brennwert des Erdöls gegenüber der Kohle hatte viele „Dampfer" zu Motorschiffen gemacht.

Arbeit im Hafen

Foto oben: **Nach achtstündiger Schicht hatten es die Hafenarbeiter eilig wegzukommen,** nach Hause, zu politischen Versammlungen, in die Kneipe oder zu anderen Vergnügungen. Große Sprünge waren bei einem Stundenlohn von 80 bis 100 Pfennigen nicht zu machen.

Foto rechts oben: **An der Niederbaumbrücke lagen die Fähren, die die Hafenarbeiter zu ihren Arbeitsplätzen brachten.** Die Zahl der Beschäftigten im Hamburger Hafen war sehr stark von der Welthandelskonjunktur abhängig. Zur Stammbesatzung gehörten die ständig Beschäftigten in den staatlichen und privaten Betrieben. Daneben gab es die Gelegenheitsarbeiter, die sich bei der Arbeitsvermittlung des Hafenbetriebs-Vereins (HBV) melden mussten; wenn sie eine „Vorzugskarte" vorweisen konnten, wurden sie zuerst berücksichtigt. Im Schnitt zählte man im Hafenbetrieb etwa 22 000 Arbeiter. Dazu kamen noch die Beschäftigten der Hafenindustrie (ca. 35 000) sowie die Angestellten der Hafenverwaltung und andere (ca. 15 000).

Foto rechts unten: **Der Hafen beschäftigte alle Klassen:** In Kleidung, Haltung und Gesicht waren die Unterschiede abzulesen; sie wohnten und lebten in verschiedenen Welten, doch sie verband die Arbeit für eine gemeinsame Sache, das Florieren des Handels als wichtigster Grundlage für das Wohlergehen der Stadt und ihrer Bewohner.

BH 4671
BH 7633
HERMANN PENZHORN.

Jollen

Foto oben: „Hiev up!“ hieß das Kommando, **wenn zugleich an der Hangerkette gezogen werden sollte,** um den Ladebaum zu verstellen. Als charakteristische Arbeitskleidung diente eine Taklerhose aus Segeltuch (nach dem Krieg allgemein „Overall“ genannt), als „Helm“ eine Schiffermütze, schützende Handschuhe galten wohl als überflüssig.

Foto rechts: **Schwerstarbeit stand auf der Tagesordnung.**

Foto links oben: Die nach den Kaiarbeitern zweitgrößte Gruppe der Hafenarbeiter waren die **Schauerleute, die für die Be- und Entladung im Schiff sorgten.** Es waren ungelernte Arbeiter, die von einem „Stauervize“ zu einer „Gang“ von acht bis zehn Mann für eine Schicht engagiert wurden.

Foto ganz links: **Trotz aller Mechanisierung im Hafen war schwere Rückenarbeit noch nicht verbannt.** Der Fotoreporter Erich Andres, von dem auch die folgenden Aufnahmen stammen, konzentrierte seine Kleinbildkamera auf die arbeitenden Menschen im Hafen. „Mit zwei Säcken Rüben auf'm Kreuz verdient man eben 2 Groschen“, hat er zu diesem Bild notiert.

Foto links: **Beim Flicken eines „Brooks“,** dem großen Verladenetz.

An ihren Kopfbedeckungen sollt ihr sie erkennen: der „weiße“ Schauermann, der alles staut, was nicht Kohle ist, der „schwarze“ Schauermann und der Aufseher mit fester Schirmmütze.

Das kleinste Gewerbe im Hamburger Hafen: Sechs Betriebe erledigten das **„Festmachen“** der großen Schiffe an den Kaianlagen. An einer leichten Wurfleine ziehen sie die schweren Trossen zur Kaimauer, um die Schiffe sicher zu vertäuen. Der Fotoreporter Gerd Mingram hat sich auf solche Szenen der Geschicklichkeit im Hamburger Hafen konzentriert.

Eine Begegnung der besonderen Art: Wird hier die Besatzung eines Schleppers bei einer Umweltsünde erwischt? Oder „parkt“ der Schlepper an einer verbotenen Stelle?

Zollbeamte beim Klönschnack: Sie bewachen die Grenze zwischen dem Zollausland des Freihafens und dem Zollinland der Stadt.

Arbeitspause mit emaillierter Trinkflasche und geschmiertem Stullenbrot. Bei jeder Schicht gab es eine halbstündige unbezahlte Pause.

Schiffbau in Hamburg

Foto links oben: **Blohm & Voß** gehörte auch in den 20er und 30er Jahren zu Hamburgs Großwerften: **1923 lief hier die „Albert Ballin" für die Hamburg-Amerika-Linie vom Stapel.** Zusammen mit den drei folgenden Schwesterschiffen verschaffte sie Deutschland wieder etwas Seegeltung auf dem Nordatlantik. An den Luxus der Vorkriegszeit war in den neuen demokratischen Verhältnissen natürlich nicht zu denken: Auf bescheidene 220 Plätze war die 1. Klasse geschrumpft, Annehmlichkeiten gab es nun auch für die 1200 Passagiere der 2. und 3. Klasse, die später zu einer „Touristik-Klasse" aufgewertet wurden. Wegen seines jüdischen Namensgebers musste das Schiff 1935 in „Hansa" umgetauft werden.

Foto rechts oben: Dem Fotografen boten sich auf den Werften die reizvollsten Bilder: **Hier ließ sich zeigen, wie technischer Erfindungsgeist und präzise Arbeit aus Stahlskeletten Ozeanriesen schufen.** Die Normierung beim Schiffbau nahm rapide zu, so dass auf den Schiffbauplätzen, den Hellingen, ganze Serien aufgelegt werden konnten.

Die Hamburger Werften waren in den 20er Jahren vollauf mit dem **Wiederaufbau der deutschen Handelsflotte** beschäftigt. Man spezialisierte sich auf bestimmte Schiffstypen und vervollkommnete die Fertigungsmethoden. Die Auftragsbücher füllten sich sehr schnell mit ausländischen Bestellungen. Mehr als 20 000 Arbeiter waren im Hamburger Schiffbau beschäftigt. Der Ausbruch der Weltwirtschaftskrise 1929 traf diese Branche, diese Menschen und ihre Familien daher sehr hart. Fast von einem Tag auf den anderen waren Schiffe nicht mehr gefragt.

Die Hamburger Werften liegen im Freihafengebiet am südlichen Elbufer, mit dem Blick auf die Kulisse der City und der Speicherstadt. Dieser Einweiser steht auf dem Gelände der ältesten Hamburger Werft, der Reiherstiegwerft, die 1927/28 von der Deutschen Werft übernommen wurde. Er gibt dem Kranführer Zeichen, um das Absenken der Lasten punktgenau zu regulieren.

Foto oben: **Im Kuhwerder-Hafen befand sich der Ausrüstungskai von Blohm & Voß.** Nach dem Stapellauf wurden hier den Schiffen das Innenleben und die Aufbauten verpasst. Hier stand der größte Kran des Hamburger Hafens mit 250 Tonnen Hebekraft. Ab 1933 nahm der Hamburger Schiffbau wieder einen beträchtlichen Aufschwung. Die Aufnahme zeigt, wie 1935 der **kombinierte Fracht- und Passagierdampfer „Potsdam" für den Ostasienverkehr** fertiggestellt wird. *Links* ist ein Schiff in einem Schwimmdock zu sehen. Für die Hamburger Werftindustrie waren sie kennzeichnend: Alle Großwerften waren darauf eingerichtet, Reparaturaufträge prompt und zuverlässig zu erledigen.

Foto links: Viele technische Neuerungen im Schiffbau waren bereits vor dem Ersten Weltkrieg eingeführt worden, z.B. der Einsatz hydraulischer Maschinen beim Biegen, Stanzen und Schneiden von Blechen. Auch die arbeitssparenden, aber lärmenden Pressluftgeräte haben sich damals durchgesetzt. **Schwere Handarbeit etwa beim Bohren der Nietlöcher wurde durch kleine Elektromaschinen erleichtert.** In den 30er Jahren begann das Schweißen das Nieten zu ersetzen.

Foto rechts oben: **Die Werftenkrise Ende der 20er Jahre zwang zu Fusionen:** Die Howaldtswerke aus Kiel begannen sich in Hamburg einzukaufen, erwarben zwei traditionsreiche Werftbetriebe und verlegten 1939 sogar ihren Firmensitz an die Elbe. **Ihre imposanten Hellingen standen am Tollerort gegenüber von Altona.**

Foto rechts: Die jüngste Hamburger Werft entstand auf einer grünen Wiese der Elbinsel Finkenwerder außerhalb des Freihafens gegenüber von Teufelsbrück und dem Jenisch-Park. Die nationalen Wallungen der Gründungszeit im Ersten Weltkrieg verliehen ihr den Namen **„Deutsche Werft".** Ihre Väter hatten ein profitables Bündnis geschlossen: eine Reederei, die Hapag, als Auftraggeber, die Gutehoffnungshütte als Lieferant von Stahl und die AEG für die Elektrotechnik. Die für ihre Zeit modernsten Anlagen ermöglichten den kostengünstigen Serienbau von Schiffen für in- und ausländische Auftraggeber, die besonders in den 30er Jahren Schlange standen. 1932 allerdings, als dieses Luftbild entstand, war man froh, wenigstens den Stapellauf des Frachtmotorschiffs „Franz Klasen" zu erleben.

HOWALDTSWERKE

Foto links: Der Fotograf als schwindelfreier Held: Erich Andres hat das Gerüst für die Transportseile der Laufkatzen erklommen, damit der Betrachter den Mut des **seiltanzenden Werftarbeiters** nachempfinden kann. Genießt er den Blick über die Elbe genau wie wir? Am anderen Ufer sind die Gebäude des früheren Parkhotels Teufelsbrück zu erkennen, die in den 20er Jahren für die Verwaltung der Deutschen Werft genutzt wurden. Hotelgäste der Luxuskategorie waren selten geworden.

Foto unten: **Schichtende und Feierabend bei Blohm & Voß:** Die einst sich besonders revolutionär gebärdenden Werftarbeiter fühlten sich Ende der 30er Jahre zunehmend wohl in der von oben verordneten „Volksgemeinschaft". Die erfolgreiche Konjunkturpolitik und die Marinerüstung des nationalsozialistischen Regimes hatten die Arbeits- und Verdienstmöglichkeiten in der Hamburger Werftindustrie fühlbar verbessert; die Hervorkehrung von Klassenunterschieden zwischen „Betriebsführung und Gefolgschaft" war offiziell verpönt. An die Gewerkschaften gab es viele schlechte Erinnerungen: Im drei Monate langen Werftarbeiterstreik von 1928/29 konnten die Forderungen auch nicht annähernd durchgesetzt werden; in der wenig später ausbrechenden Wirtschaftskrise mussten Massenentlassungen und Lohnkürzungen kampflos hingenommen werden. Dass dem Jubel der Jammer folgen würde, ahnten 1938 die wenigsten.

Hamburg als Marktplatz

Was wäre eine Hafenstadt ohne einen „Bauch“, durch den die frische Ware aus nahen und fernen Landen an die Endverbraucher geschleust wird? Kurz vor dem Ersten Weltkrieg hatte sich die Millionen-Stadt auf dem vom Eisenbahnverkehr frei gewordenen **Vorplatz des Berliner Bahnhofs einen zentralen Großmarkt** mit zwei riesigen Hallen gegönnt. Die Luftaufnahme von 1930 zeigt, dass um die fast 7000qm überdachter Fläche herum unter freiem Himmel zwischen Meßberg und Deichtorplatz Hunderte von Ständen die Versorgungsbedürfnisse der Hamburger zu befriedigen suchten.

Foto oben: **Am „Oberbaum“ hatte der Großmarkt einen eigenen Kai erhalten.** Gefüllte Kisten und Körbe wurden hier angelandet, um auf steilen Wegen zur Empore des Kommerz zu gelangen. Wie schnell der Markt die Kunden bedient, zeigt sich an der Zahl der gestapelten leeren Transportbehälter am Fuß der Kaimauer. 1962 erhielt der Großmarkt noch größere Gebäude etwas elbaufwärts. Der Deichtorplatz wurde zum mehrstöckigen Verkehrsknoten ausgebaut, die alten Markthallen dienen jetzt den schönen Künsten.

Foto rechts: Nach dem Anschluss Altonas 1937 war **Hamburg das Zentrum der deutschen Fischverarbeitung.** Nachts wird der Seefisch entladen, damit er am nächsten Morgen auf der Fischauktion seine Käufer findet.

Über der **„Fisch-Meile“ am nördlichen Elbufer** lag der Geruch des Meeres. Neben den Auktionshallen von St. Pauli und Altona hatten sich zahlreiche Verarbeitungsbetriebe angesiedelt. In Räuchereien wurde der Fisch haltbar gemacht für den Transport ins Inland.

In den 30er Jahren machte der **Altonaer Fischmarkt** seinem Namen noch alle Ehre: Jeden Sonntag früh gab es auf dem Anleger Gedrängel, um noch günstig frischen Fisch als Alternative für den teuren Sonntagsbraten zu bekommen. Die Fischer sind ihren Fang offensichtlich schon fast ganz losgeworden.

Frische Schollen: Das Lieblingsgericht der Hamburger, möglichst natürlich nach Finkenwerder Art. Die Verbundenheit mit dem Meer ging den Hamburgern durch den Magen. Ihr Hafen deckte jeden Tisch und ließ es ihnen schmecken.